ARTHUR DU CHÊNE

CHOSES VUES

AU

29e DE MOBILES

ANGERS
GERMAIN ET G. GRASSIN, IMPRIMEURS-LIBRAIRES
40, rue du Cornet et rue Saint-Laud

1895

CHOSES VUES

AU 29e DE MOBILES

ARTHUR DU CHÊNE

CHOSES VUES

AU

29e DE MOBILES

ANGERS
GERMAIN ET G. GRASSIN, IMPRIMEURS-LIBRAIRES
40, rue du Cornet et rue Saint-Laud

1895

Mes Camarades,

C'est en apprenant le décès de l'un d'entre nous que m'est venue l'idée d'écrire. J'avais perdu de vue, presque oublié M. de Montesquiou, mais il se fit alors comme un vide en mon cœur. La Mort, qui nous avait ensemble frôlés de son aile, là-bas, du côté d'Orléans, venait donc le prendre tout seul. Tant il est vrai que le compagnonnage sous les armes crée des liens mystérieux ; on les croit rompus, ils existent quand même et plus forts à mesure que le temps s'écoule.

Notre barbe a blanchi, nous avons sans doute quelques cheveux et bien des illusions de moins. Les hasards de la vie ont promené chacun de nous au travers d'événements tantôt gais, tantôt tristes; 1870, n'est-il pas vrai, reste néanmoins la grande date de notre existence. D'aucuns même ne craindront pas de dire : Cette noire misère sous le froid ou dans la boue sanglante était, en somme, le bon temps, ragaillardie qu'elle était par l'ardeur de la jeunesse et les illusions aujourd'hui tombées; elles allégeaient ce sac qu'on porte aussi dans la vie civile et qui se nomme le devoir.

Il se mêle sans doute à nos souvenirs de l'angoisse, une honte : La France est vaincue !

Mais n'avons-nous pas des enfants? Qu'ils aient d'abord le cœur bien placé, ensuite un corps vigoureux, et ils mériteront de voir luire le soleil d'Austerlitz.

Camarades des jours brumeux d'Artenay et de Cercottes, relisons ce passage de Montaigne : « *Le capitaine Bayard*, dit-il dans sa vieille langue si française, *se sentant blecé à mort d'une harquebusade dans le corps, conseillé de se retirer de la meslée, respondit qu'il ne commenceroit point sur sa fin à tourner le dos à l'ennemy ; et ayant combattu autant qu'il eut de force, se sentant défaillir et eschapper du cheval, commanda à son maistre d'hostel de le coucher au pied d'un arbre, mais que ce feust en façon qu'il mourust le visage tourné vers l'ennemy : comme il feit* (1). »

Baugé, 1er septembre 1895, anniversaire de Sedan.

Arthur DU CHÊNE.

---

(1) *Essais*, liv. I, chap. III.

CHOSES VUES

AU 29e DE MOBILES

L'*Anjou* (1) a annoncé, au commencement d'octobre de cette année 1894, la mort du marquis de Montesquiou-Fézensac, décédé en son château des Hayes de Brion.

Il y a vingt-quatre ans, les mobiles du canton de Beaufort-en-Vallée étaient réunis sur la place de cette petite ville, au pied de la colonne de Jeanne de Laval. Troupe un peu houleuse, aux costumes variés, mais de belle humeur, car elle allait bientôt prendre les armes et partir pour Berlin.

Sous les arcades des halles, près du chevet de la haute église, au débouché des rues, on

---

(1) Ces pages ont été publiées dans l'*Anjou* (nos du 7, du 8, du 9, du 11, du 15, du 17 et du 18 novembre 1894), sous le pseudonyme de Joseph Grandet.

apercevait des groupes silencieux de femmes, les unes jeunes, d'autres âgées, plusieurs avec des bébés roses entre les bras. Elles avaient toutes la mine attristée sous leurs gais bonnets angevins.

— Vive la France !... A bas Bismarck !

Des fredons de guerre couraient parmi les rires bruyants et ces grands gestes habituels aux conscrits.

Mais la voix brève du commandant du 2e bataillon du 29e de garde-mobile retentit tout à coup (1).

— Au nom de l'empereur !

Le commandant salua. Un jeune homme, d'allures froides mais distinguées, vint se placer à côté de lui ; il ôta son képi noir et rouge, orné de deux galons d'or. Le commandant continua :

— Sous-officiers, caporaux et soldats de la 2e compagnie, vous reconnaîtrez pour votre lieutenant M. Pierre de Montesquiou, ici pré-

(1) M. Alexandre Le Noir de la Cochetière, ancien officier de cavalerie, nommé chevalier de la Légion d'honneur le 11 mars 1871 ; très distingué de sa personne, aussi bon que ferme, d'une bravoure froide, il savait d'un mot se faire obéir en restant l'ami du soldat comme de l'officier.

sent, et vous lui obéirez dans tout ce qu'il vous commandera pour le bien du service et l'exécution des règlements militaires.

Moment solennel. La France avec ses lauriers de Bouvines et de Magenta venait d'apparaître à nos yeux. Ni paysans, ni ouvriers, ni propriétaires, tous soldats. Un brisement soudain s'opérait dans notre existence.

*
* *

La 2e compagnie, pour des raisons qu'il est oiseux d'expliquer, n'alla point à Berlin, mais elle réclama le titre de compagnie modèle, dès qu'elle manœuvra sur le Chardonnet de Saumur (1).

— Les vieux sous-officiers de l'École admirent notre discipline et notre instruction. Ils distinguent du premier coup les soldats de la 2e au milieu de tout le bataillon.

---

(1) Le 2e bataillon, formé des mobiles des arrondissements de Saumur et de Baugé, se réunit à Saumur, le 22 août 1870; il quitta cette ville le 25 septembre au soir pour se rendre en chemin de fer à Bourges, où il se réunit aux bataillons d'Angers et de Cholet. Chaque bataillon, mis sur le pied de guerre, était divisé en 7 compagnies, de 172 hommes chacune. Le 2 octobre,

Et le 2e bataillon disait :

— Les autres ne me valent pas.

Quand le 29e fit son entrée à Bourges, le 26 septembre dans l'après-midi, ce ne fut qu'un cri :

— Les gens de Bourges ont vu défiler le premier régiment des mobiles de France, et ils n'ont pas l'air de s'en douter.

Au punch offert, quelques jours après, par l'état-major d'un régiment bordelais, un officier nous prit à part :

---

la situation de l'effectif du 29e régiment de mobiles était la suivante :

Officiers : présents	70
Troupes : présents	3.559
— absents.	48
Effectif total.	3.677

Le 18 mars 1871, le 29e était réduit à 1.406 hommes. — D'après l'état nominatif publié dans l'ouvrage de M. le lieutenant-colonel Dumas, le 29e régiment et le bataillon de Segré (réuni au 75e régiment de mobiles), perdirent durant la campagne 1081 hommes, dont 898 de maladies et 183 tués à l'ennemi. — La 2e compagnie (Beaufort) perdit 24 hommes, tués ou morts de maladie. Au 16 février 1871, la situation était celle-ci : 1 capitaine, 1 sous-lieutenant, 1 sergent-major, 4 sergents, 1 sergent-fourrier, 9 caporaux, 6 mobiles de 1re classe, 33 mobiles de 2e classe, 2 détachés aux éclaireurs, 2 clairons; total, 60 hommes présents.

— L'armée régulière, fit-il avec le chaud accent du midi, ne répond plus aux exigences de la science militaire; elle a été vaincue pour permettre à la mobile de sauver la patrie.

*
* *

Dans la journée du 12 octobre, le 29e régiment de mobiles, avec 3.600 chassepots neufs et plus de 30.000 cartouches, quittait Bourges à toute vapeur pour sauver la patrie !

— Allons-nous en découdre !... Vive la France !

Le train s'arrêta dans une lande où se trouvait le gros bourg de Salbris. On nous fit camper au milieu d'un champ, sur le bord de la rivière. Coucher dehors, par une pluie battante, tandis que l'indigène, à quelques pas de là, se prélassait entre ses draps, quel drôle de pays tout de même !

Nous dormîmes bien et le réveil fut gai, car, dès l'aube, le régiment avait hâte de tuer le ver. Chacun courut d'abord au cabinet de toilette, vaste appartement orné de grands aunes agités par le vent d'automne, qui ombrageaient la Sauldre, transformée en lavabo ; il était bienséant de passer, pour la forme, un peu d'eau sur les mains avant de procéder aux préparatifs culinaires. Nous fîmes le café à la mode bohémienne. En voici la recette : Prenez quelques pierres plates pour établir votre foyer et suspendez la marmite sur trois bouts de bois ; pendant que des cuisiniers, couchés à plat ventre, font l'office de soufflets, d'autres écrasent les grains de café sous la crosse des fusils. Enfin, vous servez chaud dans les gamelles et tout le monde est content.

— La tente serait, en somme, un logis comme les autres, si elle avait seulement une porte fermant à clef.

Et, en parlant ainsi, plus d'un mobile regardait avec défiance le campement du 2e de zouaves.

— Tous des gars parisiens, ajoutait-on, mais sont-ils tous catholiques (1) ?

Aussitôt après ce premier repas pris en plein air, nos courses commencèrent, pour ne finir que l'année suivante, aux confins de la

---

(1) Ce régiment était en partie formé de jeunes engagés volontaires de Paris. — La 2e brigade de la 2e division du 15e corps était composée du 2e de zouaves, du 29e de mobiles et du 30e de marche. Le général Rébilliard la commandait. Nommé divisionnaire, le 20 décembre, et mis à la tête de la 2e division, il fut remplacé par le général Chopin.

Suisse. Elles nous semblaient sans but apparent, ces courses que nous nommions circulaires, car souvent il fallait revenir au point de départ. Mais qu'elles étaient fatigantes, par la chaleur, le froid ou la boue ! Sac au dos, les hommes attendaient le défilé de la brigade. Ils partaient, le ventre vide parfois, puis au bout d'une demi-lieue, ils devaient attendre le bon vouloir de MM. les traînards du régiment qui les précédait. De halte en halte, ils arrivaient, à la nuit tombante, au campement comme un bétail las et affamé. C'était alors qu'il fallait entrer en rapport avec l'intendance... Mais ne parlons pas de l'intendance. La 2e compagnie, à la fin d'octobre, fut chargée d'escorter la colonne des bagages du 15e corps. Elle franchit 100 kilomètres, poussant devant elle, à coups de bâtons et de baïonnettes, un grand troupeau de bœufs, pendant que les camarades roulaient en wagons (1).

*
* *

Nous montâmes notre première grand'garde en Sologne, dans un taillis, au-delà d'un ruisseau coulant à pleins bords. Les géographes

(1) De Salbris à Mer, par Vierzon, Romorantin et Blois.

chercheront sur la carte du département de Loir-et-Cher, mais il me semble que ce fut dans la nuit du 20 au 21 octobre, vers Pierrefite, sur la rive droite de la Boule-Vive, affluent de la Grande-Sauldre.

Nos hommes savaient très bien leur théorie : « Halte-là ! Qui vive? — France, amis. — Avance au ralliement. » Les mots mystérieux, qu'on transmettait à voix basse, les amusaient beaucoup.

— Tout ça, disaient-ils, est rigolo comme la franc-maçonnerie.

Ce soir-là, c'était pour de bon; personne ne riait, je vous l'assure, car l'ennemi était proche, affirmaient les nouvellistes de la compagnie. L'ennemi !... Qu'est-ce donc? A coup sûr, un être sans foi, rusé, perfide, qui profite de l'obscurité de la nuit pour commettre ses incroyables forfaits. Nos factionnaires, tous braves, n'avaient point peur, certes, mais ils songeaient, avec inquiétude, à l'étendue de leur responsabilité. Chacun dressait son plan.

— Si l'ennemi arrive en masse sur moi, avec ses canons et sa cavalerie, je donnerai vitement l'alarme au poste. S'il vient isolé, je me dissimulerai, là, derrière cette bouillée de noisetiers. Quand il sera à bonne portée, au beau milieu de la clairière, je l'ajusterai, et puis, *pan !* en plein cœur. J'ai assez braconné les lapins sur les propriétés de mon capitaine et de mon lieutenant pour ne pas manquer un homme... Mais n'est-ce point lui qui fait le mort, là-bas, dans l'herbe ? Non, m'est avis que je vois une grosse pierre... Pourvu qu'il ne lui prenne pas fantaisie de grimper amont ce grand baliveau et de s'y mettre à l'affût dans les hautes branches !...

Un des factionnaires aperçut quelque chose d'absolument étrange et qui lui donna à réfléchir. Un officier, qu'il ne connaissait point, vint placer, à trente pas de lui, un soldat qu'il ne connaissait pas davantage. Dès que l'officier eut disparu, le soldat, au lieu de rester debout pour veiller au salut commun, déposa par terre sac et fusil, puis se coucha au pied d'un arbre.

— Ceci me paraît louche, pensa le mobile en faction ; mon homme complote évidemment... je vais attendre, pour mieux le surprendre, qu'il soit endormi.

Au bout d'un quart d'heure, s'avançant à pas de loup, il se rua sur l'homme couché.

— Es-tu *zurlant*, oui ou non ? fit-il en lui mettant la pointe de sa baïonnette à la gorge.

L'inconnu — qui dormait sans comploter —

s'éveilla en sursaut. Le long fer meurtrier et l'aspect redoutable de son ennemi lui causèrent une soudaine terreur. Il s'enfuyait, éperdu, dans la nuit noire, quand, au passage d'une haie, s'embarrassant dans son fourreau de sabre-baïonnette, il tomba lourdement par terre, et cria :

— Les Prussiens ! les Prussiens !

Ce cri sinistre fut entendu par les autres factionnaires qui répétèrent :

— Les Prussiens ! les Prussiens !

Il était environ minuit. Le vent s'élevait, agitant les branches, hérissant les cépées autour de nous. De larges gouttes d'eau, tombant sur les feuilles sèches, produisaient mille frétillements, pareils aux bruits d'une troupe en marche. Les Prussiens étaient là sûrement. Mais quelle angoisse de les entendre et de ne pas les voir !

Un sergent de la 1re compagnie, M. le comte Odard, éloigné de la grand'garde pour un service commandé, revenait alors de sa mission. Odard avait une grosse fortune et un vieux nom féodal ; il pensa que, dans un moment de désarroi, la ligne droite était le seul chemin du devoir. Au lieu de perdre un temps, sans doute précieux, à chercher des passerelles, il traversa le ruisseau qui le séparait de ses camarades. Les vêtements tout trempés, il resta la nuit entière à son poste en grelottant la fièvre. Le lendemain, on le conduisit gravement malade à l'ambulance (1).

Toute la nuit, MM. les Prussiens se laissèrent désirer, mais la pluie vint à leur place, par rafales, torrentielle, pour calmer les esprits belliqueux ; aussi chacun courut-il « se mettre en tapis », suivant l'expression angevine. L'état-major de la 2e compagnie tint, tout entier, sous un caoutchouc qui, mal attaché à des branches, s'effondra subitement au milieu de la nuit, avec le bruit et les désagréments d'une inondation.

Le jour paraissait à peine, quand des cris éclatèrent aux avant-postes :

— Un Prussien... Nous le tenons !

Les nouvellistes de la compagnie n'avaient donc point eu tort de nous annoncer le voisinage de l'ennemi, et nous vîmes avec stupeur s'avancer, entre deux rangs de mobiles, une

---

(1) Alfred Odard de Parigny, nommé sous-lieutenant le 5 novembre 1870, n'a jamais rejoint le régiment ; il est mort à Paris, le 3 juin 1872.

carriole de chasse. L'ennemi se trouvait dedans : c'était un homme d'environ 60 ans, vêtu d'une veste de toile et chaussé de molletiéres ; pas d'armes apparentes, une figure franche et des manières affables. Sous la banquette de la voiture, on distinguait quelques pains de ménage, des pots de rillettes et une grande dame-jeanne.

— Votre nom, votre profession.

— M. Z..., propriétaire, demeurant ici près.

— Vous veniez pour trahir ?

— Non, mais pour vous apporter à déjeuner.

Et, ce disant, il déboucha la dame-jeanne : elle contenait d'excellent vin qu'on but joyeusement à sa santé.

*
* *

Durant quelques jours, nous campâmes dans le parc de Chambord, sur la mousse et parmi les grands bois, tandis qu'au bout d'une avenue droite le haut palais solitaire, avec la grâce féminine de ses dentelles de pierres blanches et le robuste profil de ses tours, comme un joyau précieux, apparaissait dans l'écrin vert d'un massif de sapins.

Chambord, au milieu d'une campagne sans horizon, humide de pluie, dépouillée par les vents, sous la grise tristesse de journées d'automne, ta splendeur délaissée avait mille beautés mélancoliques : on eût dit la France de 1870 En traversant l'enfilade de tes salles nues, les guides nous murmuraient les grands noms de François Ier, de Louis XIV, de Molière, du maréchal de Saxe et du prince de Wagram. Ces noms évoquaient des souvenirs. Un des maîtres de ce logis s'était écrié.: « Tout est perdu, fors l'honneur. » Pauvres mobiles, nous répétions : « Tout est perdu », en ajoutant avec anxiété : « Sauverons-nous l'honneur de la France ? »

Mais Chambord, nom porté par le descendant de saint Louis, était aussi un gage d'espérance, la perspective d'une paix glorieuse après la piteuse débâcle de Bonaparte et les macabres folies de la République. Dieu, en donnant à Jeanne d'Arc la double mission de chasser l'ennemi et de rétablir le roi légitime, n'avait-il pas indiqué l'indissoluble union de la France et de la monarchie ? En 1870, nous ne pouvions pas supposer que la patrie, après avoir subi le joug du fer allemand, serait déchiquetée ensuite par la bande républicaine des juifs et des francs-maçons, comme un cadavre jeté en proie aux chacals.

Le 7 novembre au matin, notre régiment mangeait la soupe, quand il entendit le canon pour la première fois. Chambord, adieu! Adieu à tes chauds gourbis sous les futaies, à ton bois de chauffage donné par la munificence royale; adieu même à cette chasse aux chevreuils que nous avait promise l'intendant, M. Arnauld! Ordre est venu de partir aussitôt. Après que nous eûmes traversé la Loire sur le pont suspendu de Muides, les sons de l'artillerie prussienne frappèrent distinctement nos oreilles; ils étaient lourds, distancés, comme les indices d'un orage prochain.

En Anjou, la France avait crié : « Soldats, aux armes! » Cette fois, la Prusse nous jetait son défi. Ces coups répétés, qui venaient dans la direction de la forêt de Marchenoir, étaient pour nous autant de provocations; aussi chacun flattait de la main son chassepot : « Tu me vengeras, camarade Souffledur, n'est-il pas vrai? »

Les grands faits historiques étaient donc imminents. Aujourd'hui inconnus, nous allions devenir des héros, demain ou après demain, dans la huitaine au plus tard. La gloire, divinité fantasque, fait parfois des choix bien bizarres. Sur qui tomberont ses faveurs ? Sur mon voisin ou sur moi-même ?

Chacun faisait son rêve.

La veille de Coulmiers, à l'aube, des officiers venant prendre les ordres du colonel, M. de Paillot, le trouvèrent assis au fond d'une carrière, sur un tas de cailloux, devant un petit feu mourant.

— Il fait grand froid, mon colonel.

— Oui, Messieurs, comme le matin d'Austerlitz, quand Napoléon se chauffait au bivouac de sa garde.

Le vieux colonel s'était réveillé avec une victoire dans la tête, pourquoi n'aurions-nous pas la nôtre ?

*
* *

Voici venir enfin la victoire. Elle naquit le 9 novembre, sous un ciel brumeux, après une froide nuit. Le café pris, en route ! Nous nous déployâmes sur un terrain irrégulier, en marchant au travers des vignes. Les échalas firent d'inutiles efforts pour nous retenir. On leur abandonna sans regret bidons, musettes ou lambeaux de vêtements. L'école de bataillon, qui nous avait semblé si particulièrement compliquée, devint aisée sous les regards de l'ennemi. Qu'ils étaient joyeux nos clairons; comme ils sonnaient haut et fier! Monté sur *Légère*, sa jument baie — qui avait certainement grandi dans la nuit, car elle semblait colossale au milieu des fantassins — le chef de bataillon mettait je ne sais quelle éloquence martiale dans les modulations de l'*en avant!*

Le général passa.

— Commandant, vos hommes vont bien au feu.

Pendant la marche, le soldat faisait signe au capitaine qui lui répondait par un geste d'assentiment; il allait à l'arrière trouver l'aumônier. Quelques minutes durant, cet homme, l'arme au bras, parlait bas au prêtre, puis il se hâtait de revenir à sa compagnie, et un voisin se détachait à son tour. Avec Dieu, pour la patrie, ne devient-on pas invincible?

Nous arrivâmes à la hauteur d'une grande ferme, près du village du Bardon.

— Peloton, halte!

Un paysan accourut:

— Monsieur le colonel, ils sont là... ce gros pavillon entre les arbres... à la Touanne... Toute la matinée, leurs uhlans, je les ai vus chez nous.

Et les soldats du 29e murmurèrent :

— Ils sont là, dans le gros pavillon entre les arbres... Nous les tenons !

La mousqueterie et l'artillerie éclatèrent soudain à notre gauche. Tous les regards se tournèrent de ce côté. Au milieu des ondulations de la plaine se dressait un monticule isolé, couvert de maisons et dominé par un clocher. C'était Baccon. Un nuage blanc flottait au sommet, un autre s'étalait à la base. Ce dernier grandit, grandit à vue d'œil ; il se confondit avec la nuée d'en haut. Toute la colline, enveloppée de vapeurs épaisses, fut sillonnée d'éclairs Mais bientôt la tempête se calma. Dans l'horizon éclairci, le clocher reparut ; puis, les maisons.

— Victoire ! Baccon pris, c'est notre tour.

Une batterie vint s'établir devant le régiment. Spectacle d'un intérêt palpitant, car le canon est le grand argument des batailles. Les manœuvres de l'artillerie qui s'apprête à tirer donnent la sensation d'une cuisine diabolique. On range les fourgons, les canons sont placés avec le soin qu'exigent des objets précieux. L'officier va, vient, examine, à la façon d'une cuisinière-centaure au moment du coup de feu, quand le maître d'hôtel est sur le point d'ouvrir les battants de la porte du salon et d'annoncer :

— Madame est servie.

Satisfait de son travail, l'officier se retirait à l'écart, quand quelqu'un se précipita au galop vers la batterie.

— Canonniers ! dit l'officier aux artilleurs prêts à tirer.

Le nouvel arrivant piqua rageusement son cheval.

— Commencez le... cria l'officier.

— Arrêtez ! arrêtez !

— Arrêter... et pourquoi ? répliqua l'officier d'artillerie à l'interrupteur qui agitait son képi en l'air.

— Parce que les zouaves occupent le château de la Touanne.

— Quel malheur ! il ne me fallait que trois coups de canon pour le mettre à bas.

Ils n'étaient donc plus là, dans le gros pavillon entre les arbres ! Le 29e ne les tenait pas !

Les bruits de la bataille s'éteignirent peu à peu. Grondements d'orage lointain, comme le jour où nous quittâmes les bois de Chambord. Pourtant la mousqueterie sembla se rapprocher : ce ne fut, hélas ! qu'un dernier hourvari.

Tandis que la meute française mordait — là-bas, bien loin — l'animal aux jarrets, le 29e avait froid dans l'inaction. On battit la semelle, on souffla entre ses doigts et les faisceaux furent formés. Le soldat songea aux bonnes choses oubliées dans sa musette. Cela occupe de grignoter.

Le colonel était gai ; ce qu'il avait prévu était arrivé. Qu'avait-il prévu ? Je ne saurais le dire, mais le général avait été averti, c'était l'important. Et voilà le colonel qui devient communicatif. Il avait des ancêtres très anciens, fort haut placés et il ne le savait pas. Mais un amateur de bibelots, en déjeûnant, l'avait prévenu que les deux tableaux accrochés dans son salon étaient précisément ces aïeux qu'il ignorait.

— Sans le déjeûner de l'amateur, je n'aurais jamais connu mes ancêtres et le peintre, lui aussi très ancien et illustre.

Le dos garanti des atteintes du vent par une meule de paille, nous écoutions ce récit en mangeant des rillettes.

Quelques jours après, M. le comte de Paillot, colonel du 29e régiment de mobiles, fut nommé officier de la Légion d'honneur (1). Il fut fêté au dessert : on lui présenta une rosette sur une assiette à soupe.

Ainsi finit la victoire de Coulmiers.

Après avoir tant travaillé, dormi tant de nuits à la belle étoile, appris la charge en douze et en cinq temps, pivoté, rompu ou formé le peloton, campé, décampé, marché le dos sous la pluie, cette victoire ne voulait point de nous. Elle envoyait, en son lieu et place, les fluxions de poitrine escortées de la variole, et surtout les fanges, toutes les fanges de l'Orléanais, celles de Gidy en particulier.

⁂

Le lendemain de la bataille, nous quittâmes le campement du Bardon. Les paysans, accourus sur la route, étaient fiers de contempler des vainqueurs.

— D'où êtes-vous? — D'Anjou, département de Maine-et-Loire. — Rudes lapins ! murmuraient-ils en nous serrant la main.

Un convoi de blessés bavarois côtoya notre colonne, et les ambulanciers nous saluèrent

(1) M. de Paillot fut nommé officier de la Légion d'honneur par décret du 12 novembre 1870.

avec les marques extérieures d'une civilité très humble. La force, n'est-il pas vrai, impose le respect aux faibles. En passant auprès du château de Pré-le-Fort, que nos ennemis avaient crénelé, la veille, sans oser le défendre, nous fûmes pris d'un sentiment de pitié. Les Bavarois n'avaient-ils pas élevé devant la porte une barricade enfantine avec des fauteuils de salon et un petit guéridon en bois de rose, dans l'espoir d'arrêter l'irrésistible élan des braves du 29e !

Pendant ce temps, la pluie tombait dru sur notre enthousiasme et les chemins, défoncés par l'artillerie allemande, devenaient impraticables. Les habitants sortaient toujours des villages pour nous féliciter, mais on s'accoutume plus vite au bonheur qu'à la déveine; ces congratulations devenaient importunes, jointes qu'elles étaient à des tourbillons de neige fouettant les visages.

Enfin nous arrivâmes aux Ormes, le plus horrible campement qu'on puisse imaginer. Les cuisiniers allèrent dans les vignes chercher des échalas pour allumer le feu, ils en revinrent épouvantés. Des cadavres de soldats allemands, à peine enfouis, s'y dressaient subitement, dès qu'on mettait par mégarde le pied dessus; ils semblaient s'éveiller sur leur couche de fange, hideux, décharnés, verdâtres, infects.

Presque personne n'eut le courage de préparer le souper. Impossible de dresser les tentes au milieu de la fondrière. Il y avait dans le village une auberge transformée en ambulance par les Bavarois ; des officiers du 29e s'en emparèrent et dormirent sur la paille souillée qui avait servi naguère de lit aux varioleux. Les hommes, pour s'abriter du vent, façonnèrent de petits remparts circulaires avec des toiles de tente supportées par des échalas. Ils s'enveloppèrent dans leurs manteaux dégoûtant de pluie et sommeillèrent la tête sur les genoux, auprès de feux de bois vert qui fumaient parmi les flaques d'une boue liquide et blanchâtre.

***

Comme chacun sait, Orléans est entouré au Nord par la Beauce et au Midi par la Sologne. Géographiquement, la Loire sépare ces deux régions. La première est riche et la seconde pauvre. Elles diffèrent d'une autre sorte.

En voici la preuve.

Le 2e bataillon attendait le signal du départ

dans une petite gare de la Sologne, quand une jeune paysanne, pauvrement vêtue, vint déposer un panier rempli de pommes sur la haie qui bordait la voie.

— Hé ! la fille ; combien tes pommes ?

— Je ne vends pas, je donne aux soldats français.

— Oh ! mademoiselle !

Mais elle, avec une bonne grâce charmante :

— Approchez, messieurs.

Elle distribua ses pommes, une à une, et, quand le panier fut vide, elle le secoua d'un air triste, en disant :

— Il n'y en a plus.

— Mademoiselle, fit un caporal, en récompense, permettez que je vous *bise*.

La jeune fille regarda le caporal : il était respectueux, presque solennel. Hésitante, elle rougit, puis se pencha gentiment pour être embrassée et disparut comme une bonne fée dans les contes.

Passons en Beauce.

L'Officier, *d'un ton sévère.* — Voulez-vous céder votre paille, à prix d'argent ?

Le Paysan, *sa casquette sur la tête.* — Non.

L'Officier. — Mes hommes ont besoin de paille pour se coucher.

Le Paysan, *la casquette sur l'oreille.* — Et moi, j'ai mes bêtes à soigner.

L'Officier. — Je réquisitionne toute votre paille.

Le Paysan, *ôtant sa casquette.* — Alors, c'est différent, monsieur.

L'Officier, *à ses soldats.* — La paille m'appartient désormais... chaque botte vaut six sous, que vous donnerez à cette crapule, ici présente, qui la possédait avant moi.

Le Paysan, *toujours casquette basse.* — Merci bien, monsieur l'officier.

*
* *

J'ai vu une grosse ferme pillée totalement en cinq minutes par les hommes d'un régiment de marche, puis j'ai vu se promener et glousser un superbe troupeau de dindons, au milieu de notre camp. Que s'était-il passé dans l'intervalle? La promulgation de la loi martiale et surtout le petit sermon prononcé, le matin du 24 octobre, par un soldat de la ligne qui traversait nos rangs pour se rendre au poteau d'exécution :

— Ne faites pas comme moi, mes amis.

Cet avis si sage fut ponctué par une décharge : l'homme tomba mort, devant nous, pour enseigner le respect de la discipline et l'horreur du vol.

La notion de la propriété est fort développée chez les Angevins ; s'ils aiment à posséder un morceau de terre, ils veulent aussi que le voisin tienne librement le sien. Que de fois n'avons-nous pas entendu l'expression énergique de leurs scrupules, quand ils enfonçaient les piquets de tente dans un champ ensemencé? Il fallait leur alléguer les exigences de la guerre, leur dire que plus tard l'État indemniserait les propriétaires. Cette loi martiale n'était donc point faite pour les Angevins.

Cependant elle les occupait beaucoup. On ne parlait que d'elle. Des légendes se formaient autour de l'impitoyable loi. Par exemple, on racontait que tel condamné, une heure avant l'exécution, s'était évadé ; qu'après avoir erré comme un *outlaw* pendant plusieurs jours entre les armées ennemies, il avait été repris et fusillé. Tel autre n'avait pas été tué par le peloton, dont les cartouches étaient mouillées. On l'avait vu bondir. Le coup de grâce, tiré dans l'oreille, avait raté, et il avait fallu recharger les armes.

Ces racontars, vrais ou faux, devenaient

obsédants. Pour changer ses idées, on songeait que l'heure du déjeuner était venue et que cette heure n'était pas désagréable, en somme, mais on se heurtait à un groupe portant sur des fusils le corps d'un supplicié. L'appétit disparaissait du coup pour faire place à l'obsession.

Nous venions, un matin, de prendre la petite tasse de café, raisonnablement arrosée de cognac, après un repas passable ; déjà les pipes s'allumaient, quand on nous annonça la visite d'un caporal qui allait probablement passer devant la cour martiale. Encore! C'était à ne plus déjeuner.

Qu'avait-il donc fait? Volé, si je ne me trompe, une miche chez une vieille bonne femme.

Le garçon pleurait — ce qui était fort naturel en pareille circonstance. Malgré son air de faubourien chapardeur, il inspirait de l'intérêt. Sa blague était tombée, on voyait l'homme au naturel. Au lieu d'ergoter comme un procureur, il avouait franchement sa faute en présence des officiers réunis.

— Je viens à vous pour que vous me tiriez de là, fit-il naïvement.

— Malheureux, ton crime mérite la mort,

répondit quelqu'un... Mais, dis-moi, tu n'avais donc pas le sou, dépensier?

— Ah! dame, faites excuse; j'ai 10 francs, mon commandant (1).

— Puisque tu te fais fusiller pour une miche, lègue au moins ta fortune par testament à la bonne femme.

Le caporal releva subitement la tête, cligna de l'œil et dit en souriant :

— Si je la faisais héritière de mon vivant, ça éviterait sans doute ben des frais de justice.

Il partit, rapide comme une flèche. Dans la soirée, la bonne femme affirma à l'autorité militaire qu'elle avait retrouvé sa miche. Le caporal ne fut pas fusillé.

*
* *

Les femmes de Maine-et-Loire, si jolies sous l'éventail de leurs coiffes blanches, pleuraient-elles toujours en regardant les bébés roses?..... Après tout, pourquoi n'étaient-

(1) Ce caporal, qui était de Saumur, existe-t-il encore? Je ne sais, mais il est hors de doute que M. Alexandre de la Cochetière, chef du 2e bataillon, n'a pas contribué à abréger ses jours.

elles pas restées filles? Là était leur tort.

L'état militaire en valait un autre. On semblait né sous les armes, marié à son fusil. Personne ne songeait à redevenir *pékin*. Le 29e remplaçait Angers, Baugé, Cholet ou Saumur.

Des liens nouveaux s'étaient formés, on contractait de plus en plus les habitudes militaires, et, chaque jour, les génies se révélaient.

Celui-ci allait aux commissions, flairait les bons gîtes, connaissait la manière d'acheter la paille ou le vin. Celui-là aimait à éplucher les pommes de terre. Il y avait des tailleurs, des mécaniciens, des *interviewers* d'officiers, des laveuses, des mercières, des écrivains publics. Les auteurs de mémoires inédits ne manquaient pas ; on les voyait assis sous un arbre, le crayon à la main. Un soldat des environs de Martigné-Briand avait trouvé un sport nouveau : il montait la garde pour l'aide de cuisine, le malade, le flaneur, et en général pour tous ceux qui voulaient bien lui accorder ce privilège, fier et heureux de côtoyer nuit et jour le long alignement des faisceaux. Quelques-uns donnaient des consultations gratuites : pour la diarrhée, par exemple, un ou deux glands de chêne, bien mûrs, à prendre le matin avant déjeuner. Se brûlait-on à la marmite, il suffisait d'aller trouver le *conjureur*, ancien valet de chiens, qui guérissait avec des mots cabalistiques, prononcés tout bas. Pour chasser l'ennui, on avait recours à un troupier de la compagnie de Baugé ; il tirait de son sac un invraisemblable faux-col en papier et deux favoris rouges qu'il nouait avec une corde à lessive sous le menton (1). . .

— Aoh ! yes, milady, vô avoir la piou beau machoire de toute la Angleterre.

L'état major offrait des artistes d'un genre plus noble : les faiseurs de calembours. Ils n'allaient jamais seuls, car ils avaient besoin et de celui qui prépare le calembour et de celui qui ne le comprend jamais.

En somme, journées bien remplies par les marches, les exercices, les corvées, le ravaudage des vêtements, la plantation de la tente et la cuisine.

On se réunissait autour du feu de l'escouade,

---

(1) Cette compagnie, la 1re du second, comptait quelques amis de la gaieté gauloise, par exemple le soldat Pointeau et le clairon Lefranc, dit Franc-Berlu.

c'était le *chez nous*. Dans ces moments de *farniente*, couchés à plat ventre, la pipe aux lèvres, devant la marmite pleine qui chantait les joies d'une bonne soupe, on devisait sur les événements du jour :

— Il finira par apprendre son petit maniement d'armes, notre sous-lieutenant; mais avec des protections tout de même ?... Le gars Paul est à la garde du camp pour boisson. Comment a-t-il fait, puisque je ne buvons que le vin des grenouilles !... Ce pauvre Jacques est mort de la variole; ça n'a pas été sans peine, mais il n'a ren à se reprocher, parce qu'il a fait tout ce qu'il fallait pour ça... Avous lu l'affiche de M. Gambetta qui prouve que les balles des Prussiens, elles ne faisant pas de mal... Il a tout de même fait venir son ami *Galibardi* pour li donner un coup de main : ce qui prouve qu'il n'est pas tout à fait sûr de ce qu'il dit... A la soupe, les enfants, il n'y a que ça de vrai.

Parfois, au moment où la soupe était trempée, retentissait ce cri :

— Un lièvre !

Gamelles et marmites, on laissait tout. Chacun, armé d'un échalas, hurlait :

— A toi ! rembarre... rembarre !

Le nombre des lièvres ainsi pris à la main fut incalculable. Jeannot-Lapin se montra naïf.

*
* *

L'état-major du 29e de mobiles formait un bien curieux ensemble : des primitifs et des raffinés, des jeunes et des vieux. Il y avait un pêle-mêle d'avocats, de *sportmen*, d'étudiants, de magistrats, de sous-préfets, de cultivateurs, de propriétaires et de clercs de notaire ; puis des ingénieurs, une pléiade de futurs conseillers généraux, deux diplomates, des mélomanes et même un poète qui depuis s'est fait commerçant (1).

Beaucoup entraient dans la carrière, d'autres étaient des professionnels, tels que MM. de Paillot, de Place, Ernest Arnous-Rivière,

---

(1) Par exemple, MM. Arsène Faligan, capitaine de la 1re du 1er, attaché à l'état-major du 15e corps, et Daniel Métivier, capitaine de la 2e du 1er, membre de la Cour martiale, étaient magistrats. M. Jules Bonnemère, d'abord sous-lieutenant de la 6e du second, puis lieutenant de la 4e du même bataillon, était ingénieur civil. Deux attachés d'ambassade, MM. Barthélemy de Las Cases, capitaine de la 4e du 1er, et Édouard du Rouzay, sous-lieutenant de la 8e du 1er. M. Paul de la Selle, lieutenant de la 6e du second, devint sous-préfet.

Alexandre de la Cochetière, Ernest Breton, Roger de Terves, Gustave Doussain, Armand de Romans, Jules Raygasse, Auguste d'Hillerin, Antoine de Cambourg, etc., etc.

Le capitaine de la 4e du 3e méritait d'être rangé dans la catégorie des professionnels. Dès le début, les jeunes officiers remarquèrent son entrain et ses allures militaires. « M. Gabriel de Roincé, pensèrent-ils, *doit* être un ancien officier. » Et ils s'efforcèrent tous de le copier pour avoir le vrai chic de l'emploi.

M. Joseph Selle, capitaine de la compagnie du second bataillon qui resta au dépôt (1), était, avant la révolution de juillet, porte-étendard d'un régiment d'infanterie. Une nuit, c'était en 1832 au siège d'Anvers, le duc d'Orléans conversait dans la tranchée avec M. Selle : « — Lieutenant, ne pourrait-on pas avancer plus loin? — Si Votre Altesse Royale veut bien me prêter son chapeau, elle le saura de suite. » M. Selle prit la coiffure princière et la plaça, pendant quelques minutes, au bout d'un fusil. — Monseigneur peut se rendre

(1) La 3e.

compte maintenant, fit M. Selle en remettant au duc avec le plus grand respect une loque informe et criblée de mitraille. M. Selle n'est mort que vers 1894. Comme sa verte vieillesse bravait la marche du temps, il s'appliquait à instruire les mobiles avec une sage lenteur. « — Enfin, mon capitaine, lui disait son lieutenant, M. Henri Charlery de la Masselière — qui devait, hélas! le précéder dans la tombe — les gens de Longué sont aussi intelligents que leurs camarades, mais, depuis huit jours, nous les abrutissons à faire perpétuellement tête à droite. — Alors, mon enfant, répliquait le capitaine Selle, je ne vois plus aucun inconvénient à leur faire faire tête à gauche. »

M. Stanislas Bouchet, capitaine de la 7e du second, avait été sergent-major pendant quatorze ans; on le devinait à sa belle tournure militaire, à sa barbiche blonde et à la majesté de ses jurons : « — Tonnerre de Dieu! le sapristi de tas de *paisans* baillera subséquemment, bougrrrre! » Ce qui signifiait en langue vulgaire : Les mauvais soldats seront tués les premiers.

L'urbanité angevine fondit rapidement toutes les nuances en une grande douceur de vivre. Cet état-major, du reste, était frappé au coin de la province; il sortait tout vif d'une terre saine et profonde. Certains noms évoquaient les grands souvenirs de l'histoire locale : d'Autichamp, la Vendée militaire; Bodinier, les beaux-arts, si chers aux Angevins ; Cossé-Brissac, les luttes du XVIe siècle et trois maréchaux de France ; Grimaudet de Rochebouet et Pocquet de Livonnière, cette grande chose disparue qu'on nommait la magistrature. Au 29e, le commandement était doux et l'obéissance naturelle. Peu ou point de mauvaises têtes dans les rangs ; aussi, comme nous les aimions, nos petits troupiers ! Entre officiers, on ne parlait que d'eux ; chacun vantait les hommes de sa compagnie, excusait leurs imperfections. On connaissait par leurs noms tous les types saillants du bataillon, ou même du régiment.

Beaucoup de ces officiers, si vivants, ne sont plus à cette heure. Par exemple le sous-lieutenant, M. Pierre Pauvert, du 3e bataillon, qui eut la tête emportée par un obus, le 4 décembre, lorsque le régiment, après avoir défendu Cercottes, opérait son mouvement de retraite sur Orléans.

Morts aussi M. le docteur Bouchard, M. l'abbé

Pujo, aumônier du 2e bataillon, M. le capitaine Alfred Voisin, etc.

Le colonel, M. Amédée-Charles de Paillot (1), est mort à La Flèche le 29 septembre 1879 ; il commandait alors le 71e régiment territorial d'infanterie. On peut dire de ce vieil officier qu'il avait blanchi sous le harnais, malgré l'irréprochable teinture noire de sa barbe et de ses cheveux. Brusque, mais bon, aimant à crier fort comme tous les anciens militaires, ce parfait instructeur sut nous apprendre qu'un ensemble est toujours composé d'une infinité de petits détails. Monté sur une haquenée blanche — mais aussi à cheval sur la discipline — il employait ses journées aux revues et aux manœuvres ; pendant la nuit, il rédigeait de volumineux rapports, bourrés de termes techniques et çà et là rehaussés de citations tirées des harangues de Napoléon Ier ; puis il mangeait à la hâte une médiocre cuisine pour se coucher quelques heures seulement.

Un mort, le capitaine M. Roland de Brissac, qui abordait invariablement ses camarades

(1) Officiellement il n'avait que le titre de lieutenant-colonel.

avec cette phrase militaire : « — Quoi de nouveau? » En vain essayait-on de parler du beau temps ou de la pluie, il ramenait la conversation sur des questions de métier. Et, tirant brusquement sa montre, il retournait à grands pas vers les hommes de sa compagnie. Victime du devoir, M. de Brissac s'est éteint, le 6 avril 1871, à Genève.

M. du Rouzay, encore une touchante figure disparue. Les brutalités de la guerre répugnaient à cet esprit cultivé ; la délicatesse de son tempérament s'accommodait mal des rigueurs d'une campagne d'hiver. « — Je fais de mon mieux, » disait-il en souriant, et il est mort d'épuisement le 27 janvier 1871, à Pontarlier.

M. Ézéchiel Demarest, décédé le 13 septembre 1878, repose près de Saumur dans le cimetière de Bagneux, sous un monument élevé par les habitants de cette commune et les officiers du 29e régiment de mobiles. Riche propriétaire, déjà âgé quand éclata la guerre, il demanda le grade de caporal infirmier, par humilité chrétienne. Il accompagna les officiers du 2e bataillon, armé de son chapelet qu'il égrenait sans cesse. Il fut fait prisonnier sur le champ de bataille d'Artenay, dans l'ambulance qu'il y avait établie. Les Prussiens l'emmenèrent en Allemagne. Dès qu'il eut été relâché, il repartit à la recherche du 29e qu'il trouva bloqué dans Besançon. Ceux qui ont connu M. Demarest savent que les saints ne sont pas des images hiératiques et nimbées d'or, mais des personnes bien réelles, meilleures seulement que les autres.

*
* *

Les officiers avaient la *popotte*, qui leur tenait lieu de cercle. On en comptait deux au second bataillon : l'une s'appelait la Grande et l'autre se nommait la Petite — naturellement.

Le cuisinier de cette dernière, garçon de goût, soignait les sauces ; il avait une recette pour le pâté de canard (1). Tant que nous bivouaquâmes en Sologne, le maître-queux de la Grande-Popotte fut apprécié ; il avait la ressource du dindon rôti et du mouton à la broche ; mais la Beauce lui fut fatale. Pommes

---

(1) MM. Henri de Monti, sous-lieutenant de la 4e compagnie, et Maurice de Villebresme, d'abord sous-lieutenant puis lieutenant de la 5e, faisaient partie de la Petite-Popotte. J'ai oublié le nom de leur cuisinier — qui devint chef des deux Popottes réunies.

de terre et biftecks à déjeûner; biftecks et pommes de terre, à dîner. Des estomacs grincheux insinuèrent que l'officier (1) chargé des menus manquait à son devoir. Une cabale fût montée. Pour parer au coup, le malheureux lieutenant acheta, le même jour, un veau, un mouton, et *Bismarck* (cheval de 20 fr.), chargé de porter le veau et le mouton. Manœuvres de la dernière heure ; il fut destitué. Son successeur, M. de Montesquiou, pour avoir négligé la question des liquides, n'eut qu'un règne éphémère, et l'ancien titulaire, réintégré dans ses fonctions, les garda jusqu'à la fin de la campagne.

Nous vivions très isolés dans les boues d'un hameau de la commune de Chevilly, nommé Les Chapelles, quand le père d'un officier (2) vint aimablement nous faire visite ; il arrivait des coteaux de Saumur, avec un panier de vins fins.

---

(1) M. Henri de la Cochetière, sous-lieutenant de la 1re compagnie (9 août 1870) ; lieutenant de la 3e (3 novembre) ; capitaine adjudant-major (19 février 1871).

(2) Le père de M. Benjamin Deschamps, lieutenant adjudant-major le 9 août 1870. — Blessé le 4 décembre, capitaine adjudant-major le 28 du même mois, remplacé le 19 février 1871.

Ce fut un événement...

Le chef de la *Grande-Popotte* réunit aussitôt son personnel et fit préparer pour le soir même un festin de gala. Des invitations furent lancées.

Salle fraîchement blanchie, table recouverte d'une nappe, du feu dans la cheminée, autant de serviettes que de capitaines, deux assiettes à chaque convive : rien ne manquait à la fête. Pas de pommes de terre dans les plats ; elles n'apparaissaient que sous la forme de porte-flambeaux. Les invités furent éblouis ; ils se confondirent en excuses, alléguant les frais trop considérables que nous faisions en leur honneur ; mais nous, avec des étreintes cordiales, de répondre que c'était de tout cœur.

Le vieux soldat ne courtise plus la gloire ; il la traite en camarade. Nous la boudions depuis qu'elle nous avait manqué de respect à Coulmiers. N'était-ce pas à elle de faire les avances ? Toutefois cet état de béatitude que produisent la bonne chair et le vin d'Anjou, nous mena insensiblement au pardon des injures.

— C'est joli de porter des décorations, dit à M. de Mieulle un sous-lieutenant sans conséquence.

— Vous me trouvez séduisant? répartit M. de Mieulle.

— Oui, ma foi.

— Rien de plus facile, objecta le lieutenant Rigaud, que d'égaler M. de Mieulle en beauté. A la tête de ma section, j'entre, comme dans du beurre, au milieu d'un bataillon prussien : Baïonnettes canon!... En garde contre l'infanterie!... Lancez!... Tout le monde meurt, excepté moi. Je reviens seul naturellement. On me décore; pas de jaloux.

— Cela fera bien des œufs cassés; je n'aime pas l'omelette, moi, s'écria le sous-lieutenant sans importance. Voici une recette plus simple. Vous savez qu'en Allemagne les altesses royales et sérénissimes foisonnent. Avisant un de ces principicules, j'irai le cueillir au milieu de ses compatriotes, délicatement, avec des pincettes même, s'il est trop méchant, puis je l'offrirai au général.

— Très chic, mais idiot, dirent quelques officiers en riant.

Un ancien soldat de Sébastopol (1), qui ne

(1) Le vieux soldat était — si je ne me trompe — M. Émile Fougnot, qui faisait alors fonctions d'officier. Le 28 décembre, date de sa nomination au grade de

parlait jamais, murmura dans sa moustache :

— Votre croix, mes petits agneaux, sera une croix de bois.

— La croix de bois, c'est cela même, conclut M. de Mieulle, la croix de bois.

*
* *

La journée du 3 décembre commença mal : notre cheval Bismarck fut volé par les turcos, et Moblot, le chien du bataillon, nous abandonna comme un lâche.

Au matin, les capitaines veillèrent à la toilette de leurs soldats. On avait délivré des blouses bleues et de prétendues vareuses. Mais ce veston, depuis longtemps déteint, brûlé, percé aux deux coudes, troué à l'épaule et dans le dos par la bretelle et la crosse du fusil, faisait honte aux hommes, qui avaient pris l'habitude de le cacher sous leur blouse. Comme les Prussiens fusillaient impitoyablement les paysans armés qui tombaient entre leurs mains, ordre fut donné de revêtir le haillon d'uniforme.

---

sous-lieutenant, M. Fougnot était à l'hôpital ; il n'a pas rejoint le régiment.

Ainsi travestis en chercheurs de pain, les troupiers du beau 29e s'établirent non loin d'Artenay, pendant que la ligne engageait l'action avec l'ennemi invisible. Fusillade faible, souvent interrompue, sans colères soudaines. Les adversaires semblaient encore mal éveillés.

Il faisait froid, beaucoup de brouillard, et la scène manquait d'intérêt. Nous restâmes là, regardant sans rien voir. On allait certainement nous employer. En effet, le colonel s'approcha de nous.

— Demi-tour !

Ce commandement nous jeta dans la stupeur.

Puis, le colonel, tâchant d'éclaircir sa voix éraillée, cria :

— En avant !

Cet *en avant* rétrograde n'était-il pas une ironie ?

Nous nous dirigeâmes sur la Croix-Briquet et Chevilly, en tournant le dos à la bataille (1).

---

(1) Cette retraite de la division Martineau-Deschenez, la 2e du 15e corps, a été fort admirée par nos ennemis eux-mêmes. D'Artenay à Chevilly, elle s'effectua avec un ordre tel qu'on ne recula, sous un feu violent, que de six kilomètres en six heures. Mais je tiens à rendre les impressions des soldats ignorants — et les miennes.

Le canon se fit entendre, on nous arrêta, et nous demeurâmes encore sans rien voir.

Ces plaines de la Beauce, au soleil de juillet, ressemblent à un océan qui roule des flots d'or. Elles deviennent d'une infinie tristesse, dès que la faux a coupé les épis : point d'arbres, point de haies, un clocher parfois, le vent qui court sans trouver d'obstacles et les teintes indécises du sol venant à l'horizon se marier insensiblement avec le gris du ciel. Mais elles ne présentent pas une surface plane, malgré le nom qu'elles portent. Les mouvements de terrain y sont nombreux. C'est une série de hauteurs qui s'affaissent très mollement pour remonter d'une façon imperceptible. Nous étions dans une vallée très longue, mais fort étroite. Comme l'action semblait engagée sur nos flancs, nous ne savions rien. A gauche, l'artillerie tirait beaucoup ; mais à quelle nation appartenait-elle ? De temps à autre, sur notre droite, des obus éclataient en l'air, très haut, comme les pièces d'un feu d'artifice raté.

— Fusées fusantes, disaient les savants ; françaises, par conséquent.

— Fusées fusantes et inutiles, répliquaient les sceptiques.

La mousqueterie éclata vive, à l'instar des pétillements du sel sur les tisons d'un foyer; elle avait de folles impatiences et des moments de sagesse très courts. Nous l'aimions, car elle symbolisait les nervosités du caractère français.

Crac... crac... crac... Est-ce que le ciel va se déchirer comme un morceau de toile neuve? Ce sont les mitrailleuses. Nos ennemis n'en ont point : doivent-ils être vexés! Le son clair de ces petites machines dominait tous les autres bruits, avec l'acuité narquoise d'un énorme éclat de rire. Satan doit avoir ces accès de joie quand il contemple l'inanité des efforts humains.

— Demi-tour, en avant! cria le colonel.

*
* *

Après avoir rétrogradé jusqu'à la hauteur d'un gros village, nous aperçûmes, se détachant à l'horizon, des fourmis noires qui remuaient de petits objets. La veille, déjà, vers Bazoches-les-Gallerandes, nous avions entrevu, un instant, le travail de ces insectes. Toutes les jumelles furent tirées de leurs étuis.

— Les voilà enfin!... Ces messieurs se lèvent

tard... Se sont-ils fait apporter le chocolat dans leurs lits ?

Les artilleurs prussiens voulurent s'amuser avant de commencer la besogne sérieuse. Un officier d'ordonnance courait au petit trot sur la hauteur, à notre droite. L'avisant, ils plantèrent un obus facétieux devant le nez de son cheval, qui pointa en hennissant. Un second projectile effleura la croupe et l'animal se pelotonna dans un superbe mouvement d'effroi. Cela tomba à droite, il se jeta brusquement de côté ; puis à gauche, et il fit un bond puissant à droite. Dos cintré pour se faire tout petit, l'officier, sur sa selle, était ballotté à la façon d'une barque parmi les houles ; toujours prêt à tomber, il se maintenait quand même dans une posture héroïque et grotesque. Pendant que la terre soulevée par les projectiles volait tout autour, une lutte s'engagea entre l'homme et la bête. Lui voulait se rendre tout droit où son service l'appelait ; elle, caracolait au bon plaisir des Prussiens et comme pour nous récréer. L'homme fut vainqueur à la fin, et nous le regrettâmes presque. Si l'officier et son cheval s'étaient abattus sous les obus, n'aurions-nous point applaudi ? Je ne sais trop, ma foi.

Plusieurs projectiles vinrent tomber à l'extrémité du 1er bataillon. Tous les bons camarades du 2e se penchèrent, rieurs, pour voir la tête que faisaient les *gars moblots* d'Angers.

— Ils ont la colique, sûrement.

L'ennemi cessa bientôt de voir le 1er bataillon, qui fut mis en potence. Il chercha ailleurs et découvrit le 2e.

Des blocs de fer, à vingt mètres en avant, venaient heurter la terre détrempée par les pluies et s'y briser comme du verre. Cette terre, mêlée à des débris métalliques, formait au ras du sol les rayons noirs d'un sale éclair; elle semblait bouillonner, la terre.

Les hommes du 1er et du 2e bataillon (1) qui assistaient à ce spectacle n'avaient jamais rien vu de pareil; ils étaient plus curieux que craintifs, car le danger n'était pas immédiat. Aussi un collectionneur — cette race est sans pitié — courut à la découverte. Il ramassa un projectile intact, le mit sur son bras avec des précautions de sage-femme qui porte l'enfant baptiser et revint tout fier vers sa compagnie.

(1) Le 3e bataillon était resté à Chevilly.

Ce bibelot lui plaisait évidemment ; mais, en Français né poli, il s'adressa à son supérieur et lui dit d'un air engageant :

— Mon capitaine me ferait-il l'honneur de l'accepter ?

Trop courtes d'abord, les trajectoires devinrent trop longues. Peut-être aussi les Allemands avaient-ils remarqué le général de brigade Rébilliard, entouré d'un groupe de lanciers. Ce fut une tempête subite derrière nous. Les obus agitaient le fanion du général, frôlaient les flammes des lances, passaient dans les plis des manteaux, fouillaient le terrain aux environs. Notre général, gentleman jusqu'au bout des ongles, ne perdait rien de sa froide correction ; il faisait la moue aux lanciers qui s'agitaient sur leurs selles comme pour exprimer :

— C'est de mauvais ton, messieurs.

Le commandant admonestait paternellement sa monture : *Légère* avait ses nerfs. Le lieutenant adjudant-major du 1er bataillon galopait du général au colonel et du colonel au commandant. Il arrivait bride abattue, arrêtait brusquement son cheval ; puis, pour ôter son képi, levait le bras droit d'où pendait un sabre nu attaché à la dragonne. Après avoir prononcé quelques paroles mystérieuses, il écoutait avec respect, faisait un grand signe de compréhension, saluait comme précédemment et repartait au galop, le sabre tombant de la dragonne. Les obus pleuvaient quand même. Mais quiconque visite la salle des batailles à Versailles, remarque que les peintres ont coutume de représenter, au premier plan, un officier qui salue toujours Louis XIV ou Napoléon Ier, tendant la main vers l'ennemi. Ce lieutenant adjudant-major avait évidemment le sens artistique très développé, puisqu'il nous donnait l'impression des grands faits de guerre de la France victorieuse (1).

Bientôt toute l'artillerie des deux armées s'unit pour entonner l'hymne de la mort, sous le ciel gris d'un jour d'hiver. Le tremolo haletant des fusils et les grandes orgues du canon accompagnèrent, avec une majesté saisissante, les variations des mitrailleuses, chantant d'une voix quasi-humaine :

Dies iræ, dies illa,
Solvet sæclum in favilla.

---

(1) Est-il indiscret de dire que ce lieutenant s'appelait M. Guillaume Bodinier, nommé, le 28 décembre, capitaine adjudant-major ?

Les animaux, bien innocents au milieu de ces querelles, furent saisis d'effroi. On vit courir, effarés, des lièvres et des lapins ; les compagnies de perdrix s'abattirent autour du régiment, avec de petits cris plaintifs. Elles semblaient, les pauvrettes, demander aide et protection à l'homme, l'inviter, dans ce péril commun, à l'oubli des haines de race.

Et voilà derrière nous d'épouvantables décharges. Sifflant au-dessus de nos têtes et se croisant en l'air avec ceux que nous lancent les artilleurs d'en face, des projectiles pesants se succèdent pour achever la confusion.

— N'ayez crainte, mobiles : ce sont nos marins qui viennent de démasquer leur batterie de Chevilly. La France parle à la Prusse.

Cependant les obus allemands étaient près de nous atteindre. Un officier voulut enseigner la manière de les éviter (1); il se coucha devant ses hommes. Un soldat crut que son chef venait de mourir et que tout était fini.

---

(1) M. le lieutenant Camille Hérard, commandant la 5e compagnie (en l'absence du capitaine M. Alfred Voisin, à l'ambulance depuis le 11 novembre), s'était mis devant ses hommes et leur avait dit : — Faites comme moi pour éviter les projectiles.

Il tourna le dos; ses deux voisins l'imitèrent; en un clin d'œil, la compagnie forma un angle aigu. Le brave général Rébilliard se précipita vers les hommes qui lâchaient pied.

— Ah! mobiles du 29e, je ne vous reconnais pas!

Chacun reprit aussitôt son rang pour ne plus l'abandonner.

*
* *

Sous l'obus, les secondes ressemblent à des heures, tant les sensations sont multiples et contradictoires : on passe sans transition des intensités de la crainte à la plénitude du bonheur. Le projectile, au sortir du canon, commence un gémissement qui se prolonge douloureusement et augmente d'intensité à mesure qu'il approche du but. C'est elle qui s'avance, la masse inerte, née pour détruire, esclave de l'artilleur ennemi et des lois de la mécanique. Néanmoins elle nous semble vivante, nous la tenons pour une sorte de justice, douée du pouvoir de condamner ou d'absoudre.

— Tombera-t-elle en arrière? Non, la voic qui baisse droit devant moi.

Soudain un claquement sauveur se fait entendre.

— Logiquement je devrais n'être plus ; mais, de fait, j'existe, car elle m'a épargné. J'ai donc encore une grande minute d'existence. C'est bon, la vie !

Les nerfs sont mal à l'aise au milieu de ces alternatives ; ils s'insurgent contre la raison et le courage. Pour attendre dans une bonne posture le vol de l'obus, on s'appuie sur son sabre. Le danger disparu, on se félicite déjà de l'avoir bravé, quand on se retrouve ridiculement accroupi, les mains crispées sur la poignée du sabre, dont la lame est enfoncée en terre jusqu'à la garde.

Quelle variété dans les physionomies ! Il y a des hommes d'une pâleur livide, d'autres ont la fièvre peinte sur les joues ; celui-ci, les yeux clos, semble dormir d'un mauvais sommeil, celui-là est simplement ahuri. Mon voisin répond aux obus par les éclats irritants d'un rire nerveux. Et les postures ! ce grand garçon tourne le dos à l'ennemi en baissant la tête ; un camarade, plus petit, vient familièrement se cacher dans sa poitrine ; le troisième est en boule comme un hérisson devant l'ennemi et le quatrième s'étale le visage dans la boue.

*
* *

Beaucoup de projectiles enfonçaient dans la terre détrempée sans éclater. L'un d'eux tomba au beau milieu de la 2e compagnie.

Ses débris, formant dans l'air un bouquet noir, couchèrent une douzaine d'hommes (1).

On courut. Un seul criait. On le releva : il

(1) D'après *Le 29e Régiment de mobiles, souvenirs et récits*, p. 13, cet obus tua ou blessa seize mobiles. M. le lieutenant-colonel Dumas (*Historique du 71e régiment territorial d'infanterie*, p. 109) dit deux hommes tués et une douzaine de blessés. — M. le comte de Livonnière, ancien capitaine, aujourd'hui conseiller général, a bien voulu nous donner les noms de ces braves gens.

Ludeau, Eugène, caporal (plus tard médaillé).
Gauthier, Louis, cultivateur à Fontaine-Guérin.
Riché, Jean, coiffeur à Beaufort.
Fuselier, Louis.
Pelissier, Auguste, de Mazé.
Rabouan, Joseph, cultivateur à Mazé.
Baillif, Henri, cultivateur à Saint-Georges-du-Bois.
Gouzé, Louis, cultivateur à Beaufort.
Allaire, Pierre.
Gouzil, Auguste, cocher à Beaufort.
Huet, Auguste, cultivateur à Mazé.

n'avait rien. L'obus en passant l'avait seulement souffleté.

On courut au second. Il se dressa sur son séant, mit respectueusement la main au képi en signe de salut militaire.

— Mon lieutenant, fit-il, je crois que je suis blessé... permettez-moi d'aller à l'ambulance.

Sans lui répondre, l'officier s'adressa à deux soldats :

— Placez-le sur vos fusils croisés.

L'homme fut soulevé délicatement ; ses jambes, sans force, ballottaient à droite et à gauche. Deux jets de sang jaillirent du bas de son pantalon.

On courut vers les autres ; ils étaient tous atteints aux jambes et au ventre.

Au moment où des soldats, sous la direction de M. l'abbé Pujo, les emportaient, ces malheureux blessés nous regardèrent une dernière fois. Dans leurs yeux tristes et doux, il y avait un adieu et surtout une interrogation anxieuse.

— Sommes-nous perdus? semblaient-ils dire.

Nous les regardâmes avec affection, sans oser les plaindre.

*
* *

— Demi-tour à droite. En avant, marche ! cria le colonel.

Jamais commandement ne fut plus mal exécuté. Les hommes semblaient fixés au coin de terre arrosé du sang de leurs camarades. Cette résignation passive qu'on acquiert dans les grands dangers semblait leur avoir enlevé l'instinct de la conservation. Mourir là ou ailleurs ! A quoi bon s'en aller ?

Ils marchèrent, quelques instants, avec les hésitations et l'hébétude d'un troupeau, circulant derrière le berger, sans comprendre où on le mène.

— Gardez les rangs... Allons ! plus vite, firent les officiers.

L'ennemi lança au hasard quelques volées et abandonna sa poursuite dans l'impossibilité d'atteindre notre troupe en marche.

A mesure que nous approchâmes de la batterie de marine, les sons éclatants de l'artillerie française devinrent plus distincts, tandis que ceux de l'ennemi s'affaiblirent. Ils faisaient sans doute de la bonne besogne, nos mathurins. Cela donna du cœur de les entendre, et la marche, après l'engourdissement de l'angoisse, ragaillardit les plus froids.

Chacun se tâta : sain, sauf avec un sacrement de plus, le baptême du feu.

La cérémonie que nous venions de subir n'était pas indispensable pour le ciel ou la réussite des affaires en ce bas monde, mais elle haussait les cœurs, les bronzait, donnait la notion des grandes choses, en mettant l'intelligence face à face avec le problème de l'éternité. Émotion inoubliable, saine en définitive. Nous savions désormais le prix de l'existence ; et ce bien, le plus précieux de tous, nous l'avions risqué, généreusement offert pour l'accomplissement d'un devoir.

— De retour en Anjou, quels récits nous ferons ! Les vieux soldats de Crimée ou d'Italie nous respecteront — et les dames aussi, en y joignant un sentiment plus tendre... Du reste, ces batailles, vues de loin, dramatisées dans les livres, ressemblent à des boucheries, mais nous savons — par expérience — qu'elles sont moins meurtrières qu'on ne le dit. Sous le plus épouvantable des feux, qu'a perdu le bataillon ? Une vingtaine d'hommes peut-être.

Des mobiles abordèrent un vieil officier de l'armée régulière pour lui exposer leur plan de bataille.

— Rien n'est encore commencé.

— Ah ! rien ! fit l'officier d'un ton railleur.

— Rien de sérieux jusqu'à cette heure, car notre régiment n'a pas encore donné. Nos chefs ont fait battre en retraite à seule fin d'attirer l'ennemi sur ces terribles batteries de marine dont nous sommes les soutiens.

— Bienheureux ceux qui ont la foi, répartit le vieil officier en éclatant de rire.

— La ligne manque d'ardeur ; c'est connu, murmura tout bas un mobile.

— Moi, je me tiens pour rossé et content, répliqua l'officier ; je n'en demande pas davantage pour aujourd'hui.

Les mobiles firent un signe d'étonnement.

— Rossés à plate couture, mes amis. Dix-huit canons nous prennent en écharpe, à droite, et je viens d'apprendre que toutes les masses de la cavalerie ennemie — une douzaine de régiments, environ — débordent notre gauche.

— Qu'allons-nous devenir ? s'écrièrent en chœur les mobiles très émus.

— C'est fort simple : nous retirer tranquillement, grâce à la nuit, au travers de la forêt d'Orléans (1).

*
* *

Appuyée par deux batteries de 12, l'artillerie de marine tirait coup sur coup à droite, à gauche, en avant, avec la colère féroce de l'animal acculé, que les chiens coiffent, et qui va être dagué. Avant d'être enclouée, elle voulait faire du mal, tuer. Le 29e, par derrière, dans un bois de haute futaie, assistait, l'arme au bras, à cet hallali. De toute part, les obus

---

(1) Ceux qui ont lu les récits des batailles d'Austerlitz et de Wagram, par exemple, ont dû remarquer que Napoléon Ier défonçait le centre de l'ennemi qu'il coupait ainsi en deux tronçons. Fidèles disciples du grand Frédéric, les généraux allemands de 1870 aimaient les mouvements enveloppants : ils ne manquaient jamais de faire converger leurs deux ailes sur nos flancs. Dans la journée du 3 décembre — m'a raconté, quelques semaines après, un officier bavarois qui avait assisté à cette affaire — les Allemands voulurent tenter une expérience et ils lancèrent en bloc toute leur cavalerie. Cette manœuvre ne réussit pas suivant leurs désirs, car l'artillerie prussienne, jugeant mal au milieu du brouillard, arrêta la cavalerie en tirant dessus. Nos marins ne furent point inutiles : un seul de leurs obus, en tombant au milieu d'un escadron, tua douze hommes et autant de chevaux.

sifflaient ; ils frappaient les cimes et le tronc des arbres, éclaboussant les branches qui tombaient sur nos têtes, mêlées aux feuilles mortes et aux morceaux de fer.

La nuit était venue. Les régiments, en se retirant, faisaient sous la voûte des arbres comme un murmure d'eau qui s'écoule. Le feu sortait de la bouche des canons. Mille choses s'agitaient, indécises et brouillées dans l'ombre grandissante.

Là-bas, en face, les panaches rouges d'un vaste incendie dessinaient dans tous leurs détails les bâtiments d'une ferme.

Cette ferme, nommée Andeglou, qui surgissait, agrandie démesurément et toute éclatante au-dessus d'un noir horizon, nous la reconnûmes aussitôt : elle servait d'ambulance à nos camarades blessés quelques heures avant.

Que faites-vous à cette heure, jolies filles de Maine-et-Loire? C'est le moment de mettre un voile de deuil sur l'éventail de vos coiffes. De la ferme tout en feu on emporte vitement vos bons amis. Ils souffrent atrocement par les chemins ; chaque heurt, chaque pas leur arrache un cri. Le docteur va les amputer, les jeter, mutilés, sur un lit d'hôpital. Dans le délire de la fièvre, ils prononceront vos noms, Mélanie, Alphonsine. Plusieurs d'entre eux ne reverront pas l'Anjou, car ils vont mourir. Pleurez, jolies filles; on ne trouve qu'une fois dans la vie d'aussi bons garçons. Ah! pleurez vos rêves d'amour; pleurez, Mélanie et Alphonsine.

*
* *

— Commandant, retirez vos hommes; ils n'ont plus rien à faire ici, dit le général en passant auprès du chef du 2e bataillon.

Les compagnies commençaient à sortir du bois, quand survint un jeune officier.

— Mon commandant, pourquoi vous en allez-vous?

— C'est l'ordre du général.

— Est-il écrit, votre ordre?

— Non.

— Eh bien! rentrez, conclut le jeune officier d'un air important.

Les compagnies reprirent leurs places dans le bois : il y pleuvait toujours et des branches et du fer. Mais le général accourut au galop.

— Commandant, vous ne m'obéissez pas!

— Un de vos officiers, mon général...

— Encore une fois, je vous le dis, commandant, sortez tout de suite.

Le régiment s'allongea sur la route entre les bois. Après avoir fait quelques centaines de mètres, il se heurta tout à coup à une batterie qui débouchait au tournant du chemin.

— Artilleurs, s'écria le général, laissez la route libre... Pourquoi êtes-vous ici?

— Pour ne pas être pris par l'ennemi, mon général.

— Allons, quittez la route.

— Mais, mon général, où aller?

— Au diable! fit le général en sacrant.

Ces ordres contradictoires, cette batterie en détresse et principalement la subite colère d'un général, si correct, si maître de lui, indiquaient une défaite. Nous étions bel et bien battus, comme l'avait dit aux mobiles le vieil officier de la ligne.

Sous le verglas qui glaçait les corps en raidissant les plis des vêtements, les mobiles fatigués continuèrent leur marche, pêle-mêle avec les canons et les artilleurs. Le cliquetis du fourreau battant la cuisse, les frôlements des baïonnettes, le bruit sourd des pas, le craquement des caissons dans les ornières interrompaient seulement le grand silence de la nature. Ce défilé confus parmi le hérissement vague des taillis, au milieu d'une nuit noire et mouillée, avait l'aspect funèbre d'un enterrement hâtif et clandestin.

*
* *

Arrivés à Cercottes, il s'agissait de manger, chose délicate, car le bourg était encombré, et la hiérarchie fondue. Il ne fallait point songer à une distribution de vivres. Dans ces instants, les génies pratiques ne manquent point de se révéler.

Quelques troupiers, en flânant à la gare, trouvèrent plusieurs wagons remplis de pains. Pourquoi ces wagons et ce pain encombraient-ils la gare de Cercottes, à une heure si tardive ? L'intendance a ses mystères.

— Attrapez, mes amis, crièrent les employés du chemin de fer.

Chacun prit un pain au vol.

Mais bientôt le bruit se répandit dans la foule, toujours grossissante, que le train était en détresse, exposé aux attaques de l'ennemi. Par patriotisme et aussi pour l'amour du gaspillage, les wagons furent pris d'assaut. Le soldat, entassant miche sur miche, forma de tremblantes pyramides au bout de sa baïonnette et revint vite à son campement avertir les camarades de la bonne aubaine.

Les membres de la Grande Popotte formèrent le cercle dans la rue, assis sur des entassements de pains.

— Si nous mangions une gibelotte !

Après maintes recherches de porte en porte, des pourparlers orageux et l'étalage de quelques pièces blanches, l'animal fut acheté. Ce n'était point un chat, mais un véritable lapin — vieux et maladif, comme l'indiquaient plusieurs loupes sur le crâne. Peut-être venait-il du Valais, car il était caractérisé par un goître. On ne sut pas la date exacte de son déces, ce qui fit croire faussement à une mort naturelle.

La gibelotte était l'important.

*
* *

Le repas était commencé dans la petite chambre qui servait à la fois de cuisine et de salle à manger, quand le capitaine des éclaireurs du régiment fit subitement irruption. Dans l'encadrement sombre de la porte, avec ses traits accentués, sa longue barbe fauve en coup de vent, les plis violents de son manteau, les éclairs métalliques que jetaient ses armes et sa brochette de décorations, il nous apparut comme le vivant portrait d'un messire Blaise de Montluc (1).

— Ça sent la chair fraîche, fit-il, et il s'assit... Très gentils les Prussiens, vous savez, mais ils ne donnent pas à souper. Je m'invite ; bonsoir, messieurs.

— Comment donc, capitaine ?... Bien volontiers.

Le capitaine regarda la gibelotte, coupa une large tranche de pain.

— A propos, ajouta-t-il, vous savez que de Mieulle est tué.

— Tué ! de Mieulle !

— Oui, tête cassée par le dernier obus de la journée.

— Mais en êtes-vous bien sûr ?

— Je reviens du cimetière. On l'a enveloppé dans sa couverture et mis au fond d'une fosse, le long du mur.

Il y eut un silence.

---

(1) M. Roger de Terves, 9 août 1870, capitaine de la 8e du 1er ; 29 octobre, commandant des éclaireurs du 29e de mobiles ; 23 décembre, chevalier de la Légion d'honneur ; 27 du même mois, commandant du 1er bataillon. M. de Terves avait fait plusieurs campagnes dans les troupes pontificales.

— Brave et charmant garçon, ce de Mieulle, quel malheur! hasarda quelqu'un.

Le capitaine fouillait à la pointe du couteau la carcasse du lapin. Il releva vivement la tête en repoussant le plat.

— Un des meilleurs et des plus charmants garçons que je connaisse vient de se faire tuer : cela vous étonne, mon cher? Il était pleinement dans son rôle, puisque celui de la clique est de vivre de la mort des honnêtes gens, comme nous l'apprend l'histoire.

Le vieux soldat de Sébastopol, qui ne parlait jamais, murmura dans sa moustache :
— Première croix de bois à de Mieulle (Léon), sous-lieutenant de la 5e du premier... La suite à demain.

Il y eut un second silence assez long.

— Dégoûtant, en vérité! fit une voix. La charogne de lapin me reste sur le cœur!

Puis les officiers se couchèrent sur leurs manteaux et dormirent, exténués des fatigues de la journée.

*
* *

Le lendemain, au réveil, on trouva le colonel perclus de tous les membres. Il dut partir pour Orléans, solidement ficelé sur son cheval comme un colis qui encombre et dont on a hâte de se débarrasser. La bataille est le plaisir des jeunes. Des plaisirs, pauvre vieux, on n'en peut plus avoir à votre âge !

Le chef du premier bataillon, M de Place, ancien marin à barbe blanche (1), prit le commandement tandis que les soldats déjeunaient.

Cependant les Prussiens se levèrent plus matin que la veille et il fallut songer à eux.

Ils enveloppèrent de ouate blanche, pointillée d'une multitude de petits feux d'un rouge vif, la lisière toute proche de la forêt. Derrière l'épaisseur de ce voile, aux contours indécis et déchirés par le vent, des arbres noirs et maigres, agitaient leurs branches avec un mouvement de danse macabre. C'est d'un effet grandiose, la fumée de mousque-

---

(1) Joseph-Hector-Emile de Place, chef du 1er bataillon, commanda le régiment jusqu'au 22 décembre, date de son entrée à l'ambulance. Il fut nommé officier de la Légion d'honneur le 23 du même mois. M. Ernest Arnous-Rivière, chevalier de la Légion d'honneur, chef du 3e bataillon, le remplaça, et M. Ernest Breton, capitaine, prit le commandement du 3e bataillon. M. Arnous resta lieutenant-colonel jusqu'au licenciement du régiment. Depuis le 12 novembre, M. Breton était chevalier de la Légion d'honneur.

terie dans l'épaisseur des bois. On la regrettera, car elle brosse le décor convenable aux tragédies de la guerre.

L'action s'engageait à peine, quand les Français changèrent leur ordre de bataille, sur un ordre du gouvernement de Tours. Gambetta, disait-on, voulait un combat aux portes d'Orléans, pour faire un entrefilet dans les journaux... En avant donc la petite bataille de banlieue !

Le 29e, placé sur la gauche de Cercottes, vit successivement passer devant lui les canons, les mitrailleuses et les fantassins qui battaient vite en retraite. Des compagnies du 1er bataillon s'élancèrent pour arrêter l'ennemi.

En avant de Cercottes, la route nationale, droite et pavée, qui conduit d'Orléans à Paris, traverse un fossé assez profond, mais souvent à sec. Là, est un pont à deux arches de pierre. Ce pont, dominant le terrain d'alentour, est à la hauteur de la levée du chemin de fer, située à deux ou trois cents mètres vers la droite. Les Prussiens, couchés à plat ventre, occupaient fortement cette levée ; ils enfilaient la route avec une batterie et, de la forêt, à gauche, ils tiraient sans discontinuer.

Le lieutenant Edgard Rigaud, du 1er bataillon, enleva ses hommes et les porta sur le pont (1). Debout, la main appuyée à la traverse d'une croix de fer fichée dans le parapet, il vit l'officier qui commandait les Prussiens sur la levée le montrer du bout de son sabre, il vit aussi un soldat au casque pointu épauler son fusil et le visant avec soin, longuement...

M. Rigaud tomba mortellement blessé au pied de la croix de fer. Le vieux soldat de Sébastopol ne lui avait pourtant prédit, au dîner des Chapelles, qu'une simple croix de bois.

*
* *

Les maisons de Cercottes protégeaient le reste du régiment qui menait une existence

---

(1) Il commandait la 2e compagnie en l'absence du capitaine, M. Daniel Métivier, membre de la Cour martiale ; mais il n'avait emmené avec lui qu'une section, si mes souvenirs sont bien précis. M. Rigaud eut, en tous cas, une vingtaine d'hommes hors de combat. Il fut amputé le lendemain et mourut dans une ambulance d'Orléans. On espéra le sauver, mais la fièvre le prit. Il disait doucement dans son délire : « Les Prussiens m'ont condamné à mort. Je vais être passé par les armes pour avoir fait mon devoir de Français. »

tranquille, n'ayant devant les yeux que le voile neigeux de la mousqueterie.

Mais les Allemands gagnaient du terrain sur notre droite ; ils tâchaient d'établir au coin du bois — les coquins — une batterie pour emporter le village et enfiler la route d'Orléans, encombrée de nos caissons et de nos bagages. Ordre fut donné aux compagnies de Baugé et de Beaufort de se placer en tirailleurs à gauche du pont, dans ce fossé que nous venons de mentionner.

Tandis que nous marchions, les airs étaient traversés par des zéphyrs étranges, qui chuchotaient beaucoup entre eux. Des balles. Elles négligeaient cette mise en scène des grands obus tapageurs. Très discrètes, elles passaient, frôlant nos têtes, avec un froufrou rapide, doux et un peu mélancolique Le roi de Suède, Charles XII, les trouvait musicales. Rien de plus inexact. J'aime mieux cette définition d'un soldat : *Sifflement de balle, soupir de vieille fille.*

Au moment de dépasser la dernière maison, nous eûmes cette seconde d'hésitation qu'on éprouve en mettant le pied dans un bain trop chaud. Plusieurs tracèrent un grand signe de croix sur leur poitrine, d'autres firent mentalement un acte de contrition... Et tous se jetèrent à corps perdu dans le péril, stupéfaits de ne point être tués dès le premier pas.

Cette descente de plusieurs centaines de mètres vers le fossé s'opéra, heureuse et rapide, sous la protection des zéphyrs.

— Les hausses à 500 mètres. Tir à volonté, commandèrent les capitaines.

Le long de la ligne des tirailleurs, on entendit des multitudes de petits éclatements, pareils au bruit d'un rameau sec qui se brise. Tous les fusils avaient raté.

— Les hausses à 500 mètres ; tir à volonté, crièrent les capitaines pour la seconde fois.

Et, pour la seconde fois, tous les fusils ratèrent.

Les hommes n'avaient jamais tiré avec des armes de guerre ; on n'avait jamais prévenu les officiers que la rondelle de caoutchouc, dans les chassepots neufs, manquait au début de l'élasticité nécessaire pour le jeu de l'aiguille. L'émotion fut intense dans les deux compagnies, isolées, loin du régiment, en face de l'avant-garde prussienne, avec des fusils qui ne partaient pas.

Quelques hommes prirent leurs armes par

le canon et les jetèrent en maugréant, beaucoup allèrent bouder sous le pont.

— Nous sommes trahis !

Trahison, mot sinistre dans la langue française; il atténue toutes les hontes de notre histoire, légitime la défaillance des grands et sert de prétexte à toutes les lâchetés populaires.

Les officiers se demandèrent avec anxiété :

— Que faire?... Les retenir, si nous pouvons.

Un capitaine monta sur le talus. Il était tout petit, d'apparence chétive. Sur sa couverture et son caoutchouc croisés en sautoir, il avait un pardessus aux manches flottantes, retenu à la gorge par une courroie de cuir jaune. Certains détails de son costume indiquaient la précision d'un esprit qui n'abandonne rien au hasard (1).

— Mes amis, fit-il d'un air résolu, nous

(1) M. Scévole de Livonnière, qui resta capitaine de la 2e du second durant toute la campagne. Son lieutenant, M. de Montesquiou, promu le 28 décembre capitaine de la 5e compagnie du même bataillon, fut remplacé par M. Édouard Mollat. Du 3 janvier 1871 à l'époque du licenciement, M. Henri de Saint-Pern fut sous-lieutenant de la 2e compagnie.

voilà à la noce, au bal des bons enfants qui n'ont pas froid aux yeux.

Quelques soldats, les mains dans leurs poches, se groupèrent autour de lui ; il continua :

— Allez-vous laisser dire aux Prussiens que les gars de Baugé et de Beaufort sont des malpolis qui se sauvent, comme le chien de Jean de Nivelle, quand on les invite à la danse ?...

— Mais nos fusils ne partent pas, interrompit quelqu'un.

A cet instant, un coup de feu retentit. Le capitaine se retourna vivement : il vit un homme de sa compagnie très étonné d'avoir fait du tapage et contemplant avec admiration le canon fumant de son fusil.

— Qui a osé dire : Nos fusils ne partent pas ! s'écria le capitaine... Il a menti, celui-là. Nos fusils sont bons, ils sont excellents... A l'ouvrage, les amis !

Jamais Bossuet, dans ses plus beaux mouvements, n'eut un tel succès oratoire.

Tous les leviers des chassepots grincèrent à la fois. Quelques coups de fusil, distancés d'abord : pan, pan ; puis un rapide *crescendo* de style enlevant et le tonnerre d'un *forte*.

Les compagnies furent baignées dans les blancheurs d'une fumée dont le parfum aigrelet grisait gaiement comme la mousse du vin d'Anjou.

Il ne s'agissait plus pour l'officier que de jouir du travail de ses hommes.

Le capitaine de la compagnie de Baugé (1) s'assit quelques minutes sur une pierre, la canne entre les jambes.

— Qu'il fait bon là ! dit-il.

Se croyait-il à la chasse au chevreuil, écoutant une meute au débuché ? C'est bien beau, la musique des chiens ; celle des Français donnant des torchons à l'ennemi est cent fois plus belle encore.

Les paquets de cartouches étaient éventrés : on tirait, on tirait.

— Vous, l'homme à gauche, visez donc plus bas.

— Mon lieutenant, c'est pour faire tomber le pruneau droit dans la *goule*, par peur qu'ils l'avalent de travers.

*
* *

(1) La 1re du second était commandée par MM. Adhémar d'Autichamp, capitaine, et Gaston de Rochebouët, lieutenant. Ils furent remplacés plus tard par MM Jules Raygasse, capitaine, Célestin Ferrand, lieutenant, et Joseph Riché, sous-lieutenant.

Sous le feu les Français plaisantent ; ils *blaguent*, suivant leur expression. Ce fait a été nié par un savant officier allemand qui venait de lire la *Débâcle*. M. Zola — une fois dans sa vie — a dit la vérité. Oui, le Français plaisante au milieu du danger.

Il faut l'avoir vu dans ces moments pour bien saisir toutes les ressources et les multiples nuances du caractère national : alors elles ressortent pleinement en vigueur. Son intelligence est vive, presque gênante. Il comprend les ordres à demi-mot ; au besoin, il les prévoit et les rectifie, s'il les juge fautifs. En tirailleur, le Français choisit lui-même sa place, car il se fait un plan d'attaque et de défense. S'il obéit volontiers à ses chefs, il aime à les voir dignes de lui ; un manquement de leur part suffit pour le faire hésiter, mais il accompagne héroïquement celui en qui il a placé sa confiance. Homme de plus de cœur que de discipline, il se laisse guider surtout par l'émulation, la gloire, un mot bien dit. Des cœurs chevaleresques battent dans toutes les poitrines des troupiers de France. Aussi Napoléon fit-il de grandes choses parce qu'il eut l'art de piquer l'amour-propre des hommes que son égoïsme envoya à la mort.

Le Français, admirable soldat, s'il était moins nerveux ! Mais en revanche, il possède la plus haute des qualités humaines, l'urbanité — disons mieux — la charité, qu'il garde intacte au milieu des férocités de la guerre. Dès que quelqu'un, camarade ou ennemi, tombe à ses côtés, son premier mouvement est de le secourir et il ne reprend son poste qu'après l'avoir soulagé.

*
* *

En avant du pont, sur la route, une voiture, recouverte de toile verte, était renversée à côté d'un cheval blanc, dont les quatre pieds raides se dressaient, lamentables comme une plainte muette. Quelques cadavres de beaux mobiles de la section du lieutenant Rigaud embarrassaient les remblais. Ils étaient étalés sur le dos, tranquilles, béats, la tête frileusement enveloppée dans un bonnet de nuit, tenant encore le chassepot entre leurs mains ouvertes. Au coin des yeux, perlait une larme figée. Leur front, d'un blanc de cire, était marqué d'un trou minuscule, parfaitement rond, que cerclait une étroite auréole de sang noir.

La mitraille glissait sur le pont et les balles volaient autour de la croix de fer du parapet.

Un homme, un seul, vivait au milieu de cette destruction, Il se promenait, l'arme au bras : c'était un chasseur à pied, décoré de la Légion d'honneur.

On lui avait dit : « Sergent, placez des mobiles sur le pont. » Il y avait installé le lieutenant Rigaud. Mais on n'avait point ajouté : « Sergent, quand les mobiles seront établis sur ce pont, vous rejoindrez votre bataillon. » Il avait vu les hommes décimés, M. Rigaud mortellement atteint, et il était resté, attendant à tout hasard des mobiles quelconques. Les ordres contraires, ultérieurement donnés, l'inquiétaient peu ; des phases changeantes d'un combat de retraite il n'avait aucune notion.

Il ne savait pas non plus si le pont était un poste avantageux pour la défense. Des mobiles sur le pont, voilà ce qu'il voulait.

La fière mousquetade des compagnies de Baugé et de Beaufort attira son attention. Il se pencha sur le parapet et vit des mobiles.

— Au pont, les *moblots*, au pont ! cria le sous-officier de chasseurs à pied.

Mais les mobiles étaient alors tout à leurs

plaisirs ; sa voix se perdit au milieu du tapage et de la fumée.

— Mon capitaine, fit le sergent, on m'a dit de mettre des mobiles sur le pont.

— *On ?*... Comment l'appelez-vous de son véritable nom ? Et en vertu de quel droit, sergent, commandez-vous ici ?

Le sous-officier se recueillit un instant et répliqua :

— Mon droit, capitaine, c'est le droit de celui qui n'a pas peur de se faire casser la gueule.

— Oh ! très respectable, votre droit, mais il ne suffit pas, sergent, pour que j'enfreigne l'ordre de mes chefs et que je fasse tuer des hommes inutilement.

Le sergent rougit de colère.

— Les *moblots*, des propres à rien !.. Leurs officiers savent faire la belle jambe, et c'est tout.

Le capitaine de la compagnie de Beaufort se tourna vers son lieutenant, M. de Montesquiou :

— Cet homme t'agace, n'est-ce pas, Pierre ?... Allons le trouver.

Les deux officiers gravirent le remblai encombré de cadavres, traversèrent en courant le pont que balayaient les projectiles et vinrent se mettre à côté du sergent de chasseurs.

— On vous avait dit de placer des mobiles. Eh bien, en voilà, sergent.

Et ils s'installèrent au beau milieu de la route, les jambes écartées, les bras croisés, avec de la colère dans les yeux, tandis que le cheval mort, là, tout près, semblait quand même adresser sa vaine prière à l'impitoyabilité du Destin.

Des hommes, une quarantaine environ, voulurent suivre les officiers ; ils s'entassèrent sur le pont, regardant, étonnés et indécis. Les balles bourdonnaient à droite et à gauche comme un essaim d'abeilles et l'artillerie d'en face jetait, sans discontinuer, la longue plainte de ses obus. Les hommes commencèrent à choisir leurs postes de combat, mais un projectile, traînant sa ferraille brisée sur les pavés de la route, abattit ceux qui étaient en avant. Joseph Nouchet, de Brion, fut tué, et Auguste Launay, de Corné, tomba blessé à la jambe et au bras. Il y eut un ressac violent dans cette masse humaine, qui disparut avec la rapidité d'une vague.

Cinq ou six hommes restèrent, avec un sous-officier de la compagnie de Baugé (1). Humble groupe pelotonné parmi les mourants, au pied de la croix de fer.

Le sergent de chasseurs et les deux officiers demeurèrent debout.

Après quelques minutes, le sergent se tourna vers les deux officiers. Son visage, presque brutal, était illuminé d'un bon sourire. Il tendit les mains en signe de respectueuse confraternité.

— Oui, messieurs, dit-il avec émotion, je vois bien à cette heure que les mobiles sont des braves.

— C'est ce que nous voulions démontrer, sergent (2).

*
* *

(1) M. André, actuellement sculpteur-entrepreneur à Angers.

La 2e compagnie, dans cette journée, eut plusieurs autres hommes blessés : Pierre Léger, de Fontaine-Guérin, Charles Choiseau, Pierre Chignard, de Saint-Georges-des-Bois et Joseph Guérineau, qui reçut plus tard la médaille militaire.

(2) Dans les journées du 3 et du 4 décembre, le régiment perdit 552 hommes ; tués 21, blessés 107, prisonnier 1, disparus 221. — Deux officiers furent tués, M. de Mieulle, le 3, et M. Pauvert le 4. Blessé mortellement le 4, M. Rigaud. Blessé le 3, M. Deschamps. Furent

Cette année 1894, à Fontaine-Guérin, dans le canton de Beaufort-en-Vallée, une belle statue a été élevée au grand homme de la localité.

Héros bien anonyme. Son piédestal porta d'abord :

---

blessés le 4, MM. Henri Boutet, capitaine de la 4e du second, Adolphe Martineau, capitaine de la 7e du troisième et Arthur du Chêne, sous-lieutenant de la 2e du second. Prisonniers, le 3 : MM. les docteurs Servain et Bouchard, aides-majors du 1er et du 2e bataillon, et M. l'abbé Pujo, aumônier du 2e bataillon, qui s'évada et rejoignit son poste. Prisonniers le 4 : MM. les capitaines Faligan et Métivier. — Par décret du 23 décembre 1870, furent nommés : officier de la Légion d'honneur, M. de Place, et chevaliers, MM. de Terves, Boutet, Martineau et du Chêne. Par décret du même jour, la médaille militaire fut conférée à MM. Gabriel Belon, sergent (nommé sous-lieutenant de la 6e du troisième), Morillon, soldat, Ludeau, caporal de la 2e du second, Gouzeau, caporal, Thomas, sergent, Ripoche, sergent (nommé sous-lieutenant de la 3e du troisième), et Auguste Launay, sergent de la 2e du second. — Le 11 mars 1871, M. de la Cochetière, chef du 2e bataillon, fut nommé chevalier de la Légion d'honneur. Le 24 juin 1871, la médaille militaire fut accordée à M. Jacques Bossard, mobile. Furent également nommés chevaliers de la Légion d'honneur : M. Faligan, capitaine (décret du 27 juillet 1871) ; M. le duc de Brissac, fourrier d'ambulance (décret du 22 août 1871) ; MM. Raoul de Chemellier, capitaine de la 5e du premier et Auguste d'Hillerin, capitaine de la 2e du troisième (décret du 16 novembre 1871).

Au sire Guérin des Fontaines. Il ne fut jamais appelé, sa vie durant, ni Guérin, ni des Fontaines. Sur le bouclier de ce mâle, on voit encore gravées des armoiries de femme. Peu importe.

Soldat pour la défense de son pays vaincu et envahi, il périt — dans le département actuel de l'Eure — au grand désastre de Verneuil, peu d'années avant la radieuse apparition de Jeanne d'Arc, comme nous l'apprend le chroniqueur Cousinot de Montreuil.

Cette statue est votre ressemblante image, mobiles de Maine-et-Loire. Quand des siècles seront écoulés, vous serez tous anonymes. Les savants officiels essaieront de prouver que vous avez été défaits — en Provence ou en Bourgogne — aux combats d'Artenay et de Cercottes (1), mais la France immortelle, que

---

(1) M. le curé de Cercottes a enseveli honorablement les victimes du combat, auprès du passage à niveau du chemin de fer, sous une belle croix de pierre entourée d'une grille de fer forgé. L'inscription porte ces mots :

AVE SPES UNICA

Ici reposent 56 soldats français, morts au champ d'honneur en protégeant la retraite de l'armée de la Loire, le 4 décembre 1870. *Priez pour eux !*

A perpétuité. — Terrain concédé gratuitement par

vous n'avez point abandonnée quand elle était malheureuse, gardera de vous un souvenir attendri. Elle inscrira dans ses annales :

LES MOBILES, SOLDATS DE LA DÉFAITE, PRÉCURSEURS DES REVANCHES.

M. Darblay. — Le 4 décembre, service fondé par M. Rigaud.

C'est ainsi qu'ils sont morts, laissant non seulement aux jeunes hommes, mais à la nation tout entière le souvenir de leur mort comme un grand exemple de vertu et de courage. (II, *Mach.*, VI.)

Dieu les a éprouvés, il les a trouvés dignes de lui, il les a agréés comme une hostie d'holocauste, et il les regardera favorablement au jour de sa venue. (*Sag.*, III.)

Angers, imp. Germain et G. Grassin. — 1443-95.

www.ingramcontent.com/pod-product-compliance
Ingram Content Group UK Ltd.
Pitfield, Milton Keynes, MK11 3LW, UK
UKHW012055240726
13965UKWH00004B/1302

9 782013 041928